La Voie de la Dévotion

IMPRIMERIE
PACHE-VARIDEL
&BRON
LAUSANNE

La
Voie de la Dévotion

(Le Chemin du Croyant)

suivi d'un supplément contenant des salutations et des prières sanscrites

PAR

SWÂMI PARAMÂNANDA

Traduit de l'anglais

<table>
<tr><td>LAUSANNE
TH. SACK, LIBRAIRE-ÉDITEUR
3, rue Centrale</td><td>PARIS
PAUL GEUTHNER, LIBRAIRE
13- rue Jacob</td></tr>
</table>

1913

OM NAMO BHAGAVATE RAMAKRISHNAYA !

Salut au

BÉNI SRI RAMAKRISHNA

qui, par sa vie et par son enseignement
proclama la tolérance et l'amour
universels dans toutes
les religions.

NOTE DES TRADUCTEURS

En présentant ce précieux petit livre aux lecteurs français, nous n'avons nullement essayé de faire de la littérature. Notre tâche a été de traduire au plus près possible les idées du Maître, en nous en tenant très strictement, presque mot à mot, au texte original. Nous avons donc l'espoir sincère que ceux qui liront ces pages y trouveront le vrai message d'amour et de foi qu'elles contiennent, sans se préoccuper d'autre chose.

PRÉFACE

Ce petit volume est composé princi-
palement d'extraits de lettres écrites
uniquement pour répondre à un besoin
personnel, et sans aucune idée de publi-
cation. Mais dans le cœur de tout vrai
maître spirituel demeure le Maître divin, et quand Sa voix parle, elle parle
pour tous et non pour un seul. Ayant la
foi que c'est cette voix qui se fait enten-
dre à travers ces paroles, celle à qui
elles ont été adressées désire se rendre
digne du message de désintéressement
qu'elles contiennent, en les partageant
avec tous ceux qui luttent, peut-être

avec douleur et accablement, le long de la voie de la dévotion. Elles sont donc données avec la prière fervente qu'elles puissent procurer à l'âme de tout dévot sincère la même aide et la même consolation qu'elles ont procurées à celle qui les a entendues pour la première fois.

Celui qui, avec dévotion, m'offre une feuille, une fleur, un fruit, de l'eau, cette offrande d'amour je l'accepte quand elle vient d'un cœur pur. Quoi que tu fasses, quoi que tu manges, quoi que tu offres comme oblation, quoi que tu donnes et les austérités que tu t'imposes, tout ceci doit être une offrande à Moi. Ainsi tu seras libéré des chaînes de l'action qui porte de bons et de mauvais fruits et ton âme, toute vouée à la dévotion et au renoncement, sera affranchie et viendra jusqu'à Moi. Je suis le même pour tous les êtres vivants ; je n'ai ni amour ni haine. Mais ceux qui m'adorent avec dévotion, ceux-là sont en Moi et Je suis en eux.

Bhagavad Gita.

I

La Dévotion.

Bienheureux sont ceux qui ont la dévotion dans leurs cœurs. C'est la seule réalité en ce monde ; toute autre chose est fausse. Mène une vie pure et sainte, sois vaillant et sans crainte. Que t'importe si des milliers tombent devant toi ; sois ferme et ne te rends jamais. En vérité, quelle belle chose que d'avoir l'amour et la dévotion ! La dévotion seule peut nous rendre heureux.

La vraie dévotion a une puissance merveilleuse. Par elle, le dévot peut

faire jaillir la divinité même d'une pierre.
Elle est une force vivante qui peut res-
susciter un cadavre. Bienheureux sont
ceux qui ont ce dévouement inné pour
le Seigneur. Sri Ramakrishna nous enseigne que le but peut être facilement
atteint par la force de la foi et de la dévotion, mais jamais par la force du rai-
sonnement.

*   *
*

C'est la vraie dévotion qui nous donne
la vision de Dieu. Nul ne peut l'atteindre par l'intellect seul, ni par les pratiques du Yoga, ni par aucune sorte d'austérités. Tel est le Verbe du Seigneur :
on ne peut parvenir à Lui que par un
amour pur, sincère, sans égoïsme, un
amour unique. Dieu est libre, Il n'est
soumis à aucune loi. Cependant Il dit :
« Je suis lié à mes dévots. » Comme l'a

déclaré un grand Sauveur : « Dieu est amour et l'amour est Dieu ». Mais ceci est très difficile à réaliser, on ne peut le réaliser et le sentir qu'avec un cœur pur et sincère ; tant que nous nourrissons le moindre désir égoïste, n'espérons pas pouvoir l'atteindre, car il est sacré et Divin.

Lorsqu'un pareil amour s'éveille en nous, tous les liens terrestres se rompent. Mais il ne faut pas perdre courage parce que la tâche est dure. Si dure qu'elle soit, du point de vue du monde, elle doit cependant être accomplie. Sans cet amour, le cœur n'est qu'un terrain aride. Il est notre vie, il est la seule réalité en ce monde. Aussi n'est-il nullement difficile à atteindre pour un dévot sincère dont le cœur est plein d'amour, de l'amour qui s'élance spontanément vers le Seigneur.

Aie une foi intense en Lui ; tu seras

ainsi libéré de toute anxiété. Il te bénira et te protègera contre tous les maux. Tiens toujours les yeux fixés sur Lui, et prie avec la simplicité d'un enfant. Ne te laisse troubler par rien. Ne te décourage jamais et sois toujours joyeux. Ainsi, grâce aux bénédictions du Seigneur, tu reposeras en paix et dans la béatitude.

*

Si tu veux devenir un vrai dévot, tu dois être au-dessus de toute pensée, de toute action terrestres. Les choses du monde ne devraient jamais troubler ta paix. Sois pur, sois sans tache, sans égoïsme, que ton cœur soit rempli d'un amour vaste, infini. N'aie jamais la prétention d'être grand ; considère-toi comme l'humble serviteur du Très-Haut ;

reste debout, prêt à servir, sans penser au danger.

Souviens-toi que, même si tu es atteint d'une mort violente, prématurée, si ta pensée repose en Dieu, si ta vie a été sincère, tu seras béni ; tandis que vivre au milieu du confort et de la prospérité ne fera que t'éloigner de ton Idéal, ce qui est la pire malédiction. Veille toujours, ne te laisse jamais entraîner par une faiblesse même momentanée. Agis hardiment, sois sans crainte et ne perds jamais patience.

Dépends le moins possible des choses extérieures ; les expressions extérieures ne peuvent jamais traduire les sentiments du cœur. Parle peu. La lumière ne peut être révélée que par la force du caractère ; les paroles, le beau langage sont impuissants. Les grands Voyants s'exprimaient en toute simplicité, mais leurs paroles étaient empreintes de lumière, de vie, d'espérance et de courage. Laisse pousser en silence sur ton cœur la fleur de la dévotion ; arrose-la avec les larmes d'un amour vrai et sincère. Ne t'inquiète pas des résultats, songe seulement à servir de tout ton cœur et de toute ton âme.

Le vrai dévot ne travaille que pour son Idéal, pour personne d'autre. S'il mange, s'il boit, s'il dort, s'il se remue, chacun de ses actes devient un acte d'adoration. Il se rend compte que tout appartient à l'Idéal, même son corps ; aussi il le nourrit et le soigne non comme le sien, mais comme étant une partie de l'Idéal. Si le corps souffre, s'il a faim ou froid, ou qu'il soit négligé, il pense que c'est l'Idéal qui souffre, aussi il en prendra soin à cause du Bien-Aimé. Ou bien il peut considérer son corps comme le temple où trône l'Idéal Divin, et chacun de ses actes devient une offrande au

Bien-Aimé. Il est par conséquent toujours en éveil afin d'offrir seulement ce qui est pur et digne sur l'autel caché de son cœur. Cette pensée constante que l'Idéal demeure en nous, nous permet de nous affranchir de toute servitude physique.

Ainsi la vraie dévotion t'amène à un état d'âme où tu vis avec ton Idéal pendant tous les instants de ta vie. Rien ne peut exister pour toi hors du Bien-Aimé, l'Unique, et lorsque tu vivras en Lui, en Lui seul, toute souffrance disparaîtra. Ton cœur tout entier s'épanchera aux pieds du Bien-Aimé et tu te perdras en Lui. Cet état est bienheureux parce qu'il nous conduit au but final: la vraie vision de Dieu.

*   *   *

L'amour seul peut nous faire sentir le rapprochement et la présence de la Divinité. L'amour unit Dieu et l'homme. Lorsqu'un amour entier, unique, s'éveille en nous, il monte comme une marée, engloutissant tout : ignorance, mesquinerie, crainte, doute, égoïsme. Et que reste-t-il ? l'Idéal. L'Idéal seul brille dans notre cœur. Dans ce moment-là il est facile de renoncer à tout ce qui est terrestre, car rien n'a de valeur hors du Bien-Aimé. Il est l'Eternel, le Permanent, l'Immuable ; à part Lui tout est transitoire, changeant. Il est l'Esprit resplendissant, tout le reste est matière périssable.

Cet amour pour l'Idéal nous permet de renoncer sans effort aux choses du monde. Le Christ pouvait résister aux tentations de Satan et renoncer à tout pouvoir terrestre à cause de son grand amour pour son Père céleste. Ainsi quand notre cœur tout entier est dévoué à notre Idéal, rien en ce monde ne peut nous tenter et le renoncement devient facile. Ceci est l'idée donnée par le Christ de « prendre le fardeau ». Elle signifie réellement que nous devons nous dévouer au Seigneur et que nous ne devons penser qu'à Lui. C'est ainsi que nous sommes purifiés ; quand nous méditons sur un être pur, nos impuretés sont lavées naturellement. Lorsque nous nous réfugions aux pieds du Seigneur ou que nous lui passons notre fardeau, nous L'aimons, tout notre cœur s'élance vers Lui et le monde nous devient indifférent. Alors notre fardeau tombe. C'est là le vrai renoncement et le vrai salut.

*   *   *

Lorsque la vraie dévotion pénètre dans le cœur du dévot, il devient humble et plein d'amour. Le Bien-Aimé est Tout-en-tout, lui n'est rien. Il voit son Bien-Aimé partout et c'est pour cela qu'il devient le serviteur de tous ; à travers toute créature vivante il sert son Idéal.

« Moins qu'un brin d'herbe, mais avec la résistance d'un arbre, ne cherchant pas l'honneur pour lui-même, mais donnant l'honneur à tous, c'est ainsi qu'une âme peut se rendre digne de prendre le nom du Seigneur. »

Un arbre accomplit les lois de la nature ; même si nous coupons ses branches il continue à croître et à nous donner de l'ombre. De même le vrai dévot adore son Idéal, non qu'il désire obtenir quelque chose de Lui, mais parce qu'Il lui est cher, parce qu'Il est son Bien-Aimé, celui qu'il aime par amour. Aussi longtemps que nous comptons sur une récompense, nous n'aimons pas véritablement, et l'Idéal reste loin de nous. C'est seulement lorsque nous commençons à aimer par amour que nous pouvons acquérir la vraie dévotion et c'est alors que nous servons tranquillement, silencieusement. Celui qui parle de lui-même n'est pas un vrai dévot, ni un vrai travailleur. Swâmi Vivekânanda a dit :

« Les vrais travailleurs travaillent en silence et meurent en silence. Ceux qui ont vraiment donné leur vie pour l'humanité sont souvent peu connus. Là où il n'y a personne pour admirer ton travail, pas même un seul pour t'encourager, là où tout le monde te hait, là repose une patience infinie, un contente-

ment éternel et l'absence de toute crainte
dans le travail.

Lorsqu'un grand travail doit être accompli, là où il y a des milliers d'hommes pour admirer, là même un lâche,
même un égoïste serait capable de donner sa vie afin de passer pour un vrai
héros.

« Mais celui qui peut faire quelque peu
sans que personne ne le sache, celui-là
est un vrai héros, son amour pour l'humanité est désintéressé. En vérité, celui-
là est béni. »

* * *

Choisis l'Idéal sous la forme qui te
donnera le plus le sentiment d'intimité
et d'union. Si tu tâches de le servir sous
un aspect contraire à tes tendances natu-
relles, la voie de la dévotion devient
très difficile et souvent tu échoueras en-

tièrement. Te semble-t-il comme un Père aimant ? Alors fais de lui ton vrai Père, infiniment plus proche que ton père terrestre, et compte sur Lui pour te soutenir et te guider. Si le nom de « mère » t'est encore plus cher, alors tu Le rapprocheras plus encore de toi, car le nom de mère nous donne toujours une intimité qu'aucun autre sentiment ne pourrait nous donner. L'on craint souvent son père ; mais l'enfant peut toujours se réfugier dans les bras de la mère ; il sait que, même s'il a fait mal, elle ne le punira pas, mais lui pardonnera, l'aimera et le protègera toujours.

Peut-être te sera-t-il plus naturel, comme pour beaucoup dans l'Inde, de considérer ton Idéal comme ton petit enfant, comme l'Enfant Krishna, ou l'Enfant Jésus. L'amour pur et sincère qu'une mère ressent pour son enfant nous donne le plus haut sentiment d'élévation et de purification, car il y a une grande profondeur dans l'amour sincère et désintéressé d'une mère. Plus profondément nous nous plongeons dans cet océan d'amour, plus haut nous nous élevons dans la sagesse. Entoure ton Divin Enfant d'un vrai amour maternel, alors rien, aucun mal, n'osera jamais s'approcher de toi. Considère-Le comme ton propre enfant. Sois comme Devaki, la mère de Sri Krishna, qui était indifférente à la gloire et au pouvoir de son fils, mais le considérait toujours comme son petit enfant qui avait besoin de ses soins et de sa protection.

Lorsque la vraie dévotion se révèle sous l'un ou l'autre de ces aspects, le sentiment d'intimité devient si réel, que l'amour et l'adoration s'élancent tout naturellement du cœur vers l'Idéal. La vraie dévotion peut aussi exister sans que l'on adore un Dieu personnel sous une forme quelconque. Si tu cherches la Vérité au dedans de toi-même, avec ferveur et sincérité, tu es aussi un dévot. Donne le nom que tu voudras à ton Idéal; l'important est que tu L'aimes. Sers-Le loyalement, avec pureté, sans égoïsme et tu obtiendras la vraie dévotion.

II

La Pureté.

La pureté est la vraie force, la pureté est la vraie santé. Puise ta force à cette source. N'oublie jamais ceci, et tu deviendras immortel. La pureté te rendra vaillant, la pureté te rendra joyeux. Aie de la force. Aie du courage en dépit de tout obstacle. Surmonte toute faiblesse par la force de la pureté. Avance hardiment en ayant la vraie foi dans le Seigneur. Il te protègera toujours.

Avec la pureté, tout ce que tu feras resplendira. Donc il n'y a rien à craindre.

Ceci est le secret. On l'apprend par la grâce du Seigneur. Sa puissance est immense et Ses manifestations se révèleront dans une âme pure. Il te conduira toujours sur la bonne voie. Travaille de toutes tes forces et ne cède jamais à la faiblesse. En avant ! En avant ! Le chemin se déroule devant toi et le but doit être atteint. Pas de sommeil, pas de repos. Réveille-toi ! Lève-toi !

*

Ne perds pas courage si parfois le pur miroir de ton esprit se trouble et s'obscurcit. Cet état ne sera que passager. Après une grande tempête vient le calme, après l'inquiétude vient la paix. L'une doit suivre l'autre ; c'est la loi de la nature. Nous ne pouvons réaliser le bonheur sans connaître la souffrance. Souvenons-nous toujours que tout ce qui nous arrive dans notre vie a un sens profond qui nous donnera une meilleure compréhension. Il est tout naturel qu'après la dépense d'une grande force se produise la réaction, la fatigue, la faiblesse. Ces moments-là sont des épreuves pour le vrai dévot. Celui qui peut maintenir son équilibre et rester invulnérable dans ces deux états en conservant sa foi et la pureté de ses intentions, celui-là est un caractère parfait. Les autres sont comme des enfants. N'importe qui peut être heureux quand tout va bien, mais le vrai dévot reste impassible même quand tout va mal et que tout est contre lui. Reste ferme dans ta pureté et dans ta foi, ainsi tu seras sûr d'acquérir la force et la voie se déroulera devant toi.

Un dévot sincère ne se repose jamais; il tâche toujours de prouver son désintéressement et d'entrevoir la plus petite lueur de pureté, ce qui est la base de tout caractère vrai. En vérité c'est une belle chose que de ne pas avoir d'égoïsme. Prie de tout ton cœur et de toute ton âme afin de devenir pur et sans égoïsme, car c'est le seul moyen d'être libre. Tous les autres moyens mènent à la servitude.

*   *
*

Le désintéressement et la pureté sont inséparables. L'un suit l'autre. Par le travail désintéressé le cœur devient pur, et dans le cœur pur il ne reste rien que l'amour. L'amour, l'amour infini, cet amour monte comme une marée et engloutit tout sur son chemin. Rien de terrestre ne trouve de place dans ce cœur. Douleur, souffrance, misère, jalousie, haine et tout ce qui est de ce monde ne peut y subsister. C'est ainsi que je comprends « l'amour Divin ». C'est la seule chose que je puisse comprendre et que je puisse considérer comme religion.

Absorbe-toi dans cet amour et oublie toute autre chose. Ne t'inquiète pas de ce que disent les autres. Aime Dieu, n'aime que Lui seul. Pour toi le monde extérieur doit disparaître pour toujours. C'est l'heure pour toi de t'enivrer de cet amour. Sri Râmakrishna dit : « Tous les hommes s'enivrent, certains pour l'argent, d'autres pour la renommée, la gloire, etc. » Toi, enivre-toi de ton Idéal. Sois ferme, sois inébranlable dans ta foi et marche en avant, en avant ! Pourquoi craindre ? La crainte ne doit pas avoir de place dans ton cœur. Sois sans crainte, sois joyeux, pur et divin. Laisse voir au monde que tu es l'enfant de la Divinité. Souviens-toi qu'une force infinie te soutient. Donc, sois fort, puisque tu sais que rien ne peut t'ébranler. N'im-

porte ce qui arrive, tu dois toujours rester impassible. Dans un cœur pur il n'y
a ni inquiétude ni tristesse. Que ton vi-
sage soit toujours content comme celui
d'un petit enfant qui se repose tranquillement sur le sein de sa mère.

* * *

C'est seulement lorsque le cœur est
absolument pur que la vraie dévotion
peut y pénétrer, et tu sais combien la
dévotion nous rend désintéressés. Pre-
nons comme exemple le dévouement
d'une mère pour son enfant. Elle s'oublie elle-même pour se préoccuper entièrement du bien-être de son enfant.
Une mère est toujours prête à faire face
à n'importe quels dangers par amour
pour son enfant. Elle est toujours dési-
reuse de le mettre à l'abri de tout danger même aux dépens de son propre

bonheur. L'amour de l'Idéal est le seul moyen de secouer le joug de l'égoïsme et de s'oublier soi-même et son intérêt personnel. Cela est la vraie dévotion.

Nous devons toujours marcher en avant en ayant l'Idéal sublime devant nos yeux. Peu importe si le corps disparaît ou reste. Que t'importe ce que disent les autres ? Nous devons adorer l'Idéal, le Seigneur, le Maître. Adorons-Le avec toute la dévotion de notre cœur et nous possèderons la paix et le bonheur. Rien d'autre ne peut nous donner la paix, ni la renommée, ni la gloire, ni d'immenses richesses. Nous devons donc servir notre Idéal avec ténacité, sans nous inquiéter des résultats. Cela est la vraie religion.

*
* *

La pureté, la force, le courage et la paix de l'esprit, voilà ce que donne la

religion. La religion est la réalisation,
c'est elle seule qui peut former notre caractère. D'appartenir à quelque société
ou à quelque église ne peut nous rendre
la vie heureuse. Il faut tout envisager
dans la lumière de la vérité. Qui craindre ? Dieu est la plus aimante des Mè-
res. Cette Mère pourrait-elle faire du
mal à Son enfant ? Sois sincère, pratique la pureté et la patience.

Pour pratiquer la pureté tu dois pre-
mièrement apprendre à réprimer les
sens ; ensuite que ton esprit reste fixé
sur l'Idéal. Si tu n'as pas d'empire sur
toi-même, des lueurs de la Vérité te
parviendront seulement de temps en
temps pour disparaître ensuite. Ce n'est
qu'en maîtrisant constamment les sens
que tu pourras garder la vision de la
Vérité. L'esprit qui cède aux sens perd
toute sa Sagesse. Tant qu'il essaye de
les satisfaire, il est malheureux et sans

repos. Mais du moment qu'il réalise que
ce n'est que l'influence du monde extérieur qui lui cause toutes ces inquiétudes et qu'il trouvera seulement la vraie
paix en se rendant maître des sens,
alors il se détournera des choses extérieures et, peu à peu, le cœur se puri-
fiera.

Quand le cœur devient pur, la vision de
notre propre Soi ou celle de l'Idéal nous
pénètre. Notre cœur est comme un miroir. Tant que le cœur est recouvert de
la poussière de l'impureté, il ne peut re-
fléter le vrai Soi qui demeure au dedans
de tous les êtres vivants. Par conséquent la purification du cœur est la
chose la plus essentielle pour atteindre
le domaine spirituel.

* * *

En vérité la purification du cœur est
l'essence de toute religion. La propreté

extérieure sans la propreté intérieure ne pourra jamais nous donner la conscience de la pureté ; donc n'exagère pas trop les pratiques extérieures. Sache que tu es pur, que tu es propre, que tu touches oui ou non à l'eau. Tout devient pur et propre en Son Nom. Répète avec ferveur et avec une foi sincère le Saint Nom du Seigneur et toutes tes impuretés seront lavées. Garde toujours ton esprit dans une atmosphère pure, c'est-à-dire que tes pensées soient saintes et cherche la société d'âmes saintes ; alors la pureté resplendira sur ton cœur. Par-dessus tout renonce à toute vanité. Il n'y a rien de plus impur que la vanité. Rien ne recouvre plus vite qu'elle le miroir du cœur avec la poussière de l'illusion et de l'égoïsme. Si tu veux devenir un vrai dévot tu dois renoncer au petit « moi » qui te mènera toujours à l'ignorance et à la servitude. Quand tu auras renoncé au petit « moi », alors le grand « Moi » brillera en toi et resplendira sur tout l'univers. Renonce à l'idée que tu es quelqu'un et que tu agis ou que tu n'agis pas, renonce à cette idée égoïste. Renonce à te glorifier en quoi que ce soit, déracine cette idée et tu seras débarrassé de l'égoïsme. Arrache tous les désirs égoïstes et tu atteindras le but.

Si tu sers ton Idéal sans désirs égoïstes, tu travailleras librement ; ce travail est le seul, le vrai travail. Par lui on peut atteindre à la perfection. En offrant un tel service désintéressé à l'Idéal, tu affranchiras ton cœur de toute servitude et tu possèderas la pureté.

III

La Fermeté.

Tiens-toi ferme dans ta propre foi comme un roc. Veille toujours, sois joyeux, sois fidèle à ton Idéal. Sois courageux, sincère, sans égoïsme. Ne crains rien, ne regarde pas en arrière, mais marche en avant ! Il n'y a pas de plus grande leçon que celle d'apprendre à rester ferme et fort dans toutes les conditions de la vie. Ne compte jamais sur l'aide des hommes ; cherche la grâce du Seigneur seule ; Il te protégera. Implore-Le, dépends de Lui seul. L'aide des hommes est si incertaine.

Les hommes sont des amis égoïstes et ils trahissent : mais Lui est l'Ami Divin, Celui qui aime par amour. Swâmi Vivekânanda nous dit dans une de ses lettres : « Lui, le Seigneur, sait ce qui vaut le mieux. Laisse les ignorants dire des sottises. Nous ne recherchons pas l'aide et ne l'évitons pas, car nous sommes les serviteurs du Très-Haut. Nous devons être au-dessus des attentats des hommes bornés. En avant ! C'est par des siècles de lutte qu'un caractère se forme. Ne te décourage pas. Une parole de vérité ne peut jamais être perdue ; elle peut être ensevelie pendant des siècles dans les décombres, mais elle se révèlera tôt ou tard. La vérité est indestructible, la vertu est indestructible, la pureté est indestructible. Donne-moi un seul homme sincère ; je ne veux pas de vos foules de convertis. Mon fils, sois ferme ! n'attends l'aide de personne.

Dieu n'est-Il pas infiniment plus grand que tout secours humain ? Sois saint, aie foi en Dieu, dépends toujours de Lui, tu es ainsi sur la bonne voie ; rien ne peut prévaloir contre toi. »

*   *
*

Les infortunes et les difficultés surviennent parfois pour fortifier notre caractère. Elles sont comme des examens ; nous devons nous préparer à les passer. Sache qu'elles sont très bonnes pour la formation du caractère. Plus nous rencontrons de difficultés, plus nous implorons la protection de notre Mère. C'est ainsi qu'une des plus grandes dévotes, la mère des cinq Pândavas, pria le Seigneur béni de lui envoyer toujours des peines et des souffrances afin qu'elle ne L'oubliât jamais. En général, nous oublions le Seigneur quand nous trouvons

la vie facile et remplie de jouissances.
Aussi est-ce une bénédiction quand ce
Maître, sous forme de souffrance, nous
rappelle nos devoirs.

Il faut être vaillant pour faire face à
tout, afin de servir l'Idéal. Rappelle-toi
ce que Swâmi Vivekânanda dit dans
Mon Maître :

« Es-tu bien sûr de pouvoir rester
fidèle à ton Idéal et de continuer à travailler même si le monde entier veut
t'écraser ? »

Cette sorte de courage et d'esprit de
sacrifice est nécessaire. La vérité ne
peut jamais être réalisée par les esprits
faibles. Notre tâche en cette vie doit être
accomplie vaillamment. Ne crains personne. La divinité et la pureté sont ton
apanage. Aie la foi et lutte toujours.

Qu'y a-t-il à craindre pour celui qui
est dépourvu d'égoïsme ? L'égoïsme est
la cause de toute souffrance et de toute

crainte. Pour celui qui est sans égoïsme, le péché n'existe pas. Sache ceci et sois affranchi de toute crainte et de tout souci. Le courage intrépide est ce que la religion enseigne et l'on ne peut devenir intrépide que par la pureté des pensées et des actes. Le passé est mort et disparu, mais le présent est vivant ; par conséquent, agis sans égoïsme dans le moment présent.

*   *   *

La voie de Karma est parfois si difficile, si tortueuse, que même les hommes sages se trompent souvent. Le découragement survient parfois ; mais nous devons tâcher de rester ferme et tranquille. Les voies de Dieu sont mystérieuses. Nous devons lutter tant que nous vivons. Qu'importe si nous échouons des milliers de fois ; nous devons quand même nous relever avec un nouveau courage, une nouvelle vigueur. La vie est une lutte ; on doit être assez vaillant pour faire face à tout. Efforçons-nous de suivre l'enseignement du Maître : De la force, de la force ! Pas de larmes de défaillance. Lève-toi et secoue toute faiblesse. L'âme est immortelle ; il n'y a pas de péché pour l'âme. Qui craindre ? Sois courageux et marche en avant. Tu es libre, tu es immortel. Que nul ne te dise que tu es faible, mauvais, coupable de péché. Tu ne l'es pas : tu es pur, tu es parfait.

Voici un très beau chant :

« O mon esprit ! où peut être la crainte
quand j'ai pris refuge à Ses pieds ?
« Il est le Tout-Puissant et sa grâce
est infinie.
« Que peuvent les ennemis contre moi
en m'insultant et me torturant ?
« Je ne puis que mourir, mais je mourrai
en chantant Sa victoire.

« J'ai entendu ces paroles de suprême espérance que, même si je meurs je vivrai toujours avec Lui dans mon bonheur éternel. Telle est Sa promesse.

« Je Le placerai (mon Idéal) dans la demeure solitaire de mon cœur. C'est lui qui est le Seigneur de mon cœur et de mon âme et je partagerai la vie avec Lui dans une béatitude et un bonheur divins. »

Donc, plus de crainte après avoir pris refuge à Ses pieds, mais bonheur et félicité. Il est heureux, en vérité, bienheureux, celui qui a la dévotion. Le Seigneur dit : « Je puis donner le salut très facilement, mais je ne donne point *Bhakti* (dévotion). En donnant Bhakti, je deviens lié à mes dévots ». Il est extrêmement difficile d'obtenir la vraie dévotion. Celui qui la possède et qui peut travailler tranquillement, fermement, indifférent à la louange et au blâme, celui-là est bienheureux.

*
*   *

Dans la vie de chacun il peut surgir des moments de lassitude et de lutte, lorsque tout paraît triste et difficile. Mais sache qu'il ne fut jamais formé de vrai caractère sans qu'il passât par ces phases : Soyons donc courageux et patients. Ce monde n'est point un beau jardin fleuri ainsi que le pensent les gens niais. Il est rempli d'épines et nous devons y marcher très prudemment. Veiller n'est pas seulement bon, c'est absolument nécessaire pour le progrès spirituel. Tu sais que les voleurs n'entreront pas dans ta chambre quand tu es éveillé. Tâche donc de toujours être en éveil et sur tes gardes, alors tu ne perdras jamais ton précieux trésor. Aie surtout une foi inébranlable en toi-même et en ton Idéal.

Rejette toute faiblesse, sors au grand jour de la vérité et tout changera d'aspect. Souviens-toi de ceci :

Nous ne devons ni suivre la bonne voie ni l'abandonner par égard pour autrui, mais nous devons la suivre pour elle-même et lui rester fidèle pendant toute notre vie. Prions le Seigneur qu'il nous donne la force et la lumière afin que nous puissions toujours Le servir en suivant la bonne voie. Qu'importe si nous mourons en chemin; nous ne devons jamais, jamais abandonner la voie par faiblesse.

* * *

Sache qu'il y a des hauts et des bas dans l'esprit comme il y en a dans le corps. Mais ne perdons pas courage à cause de cela ; restons fermes sans jamais fléchir. Te souviens-tu de la parabole de ces deux hommes, racontée par

Sri Râmakrishna ? L'un était laboureur de naissance, l'autre tisserand. Ce dernier, gagnant peu dans son métier, se fit laboureur dans l'espoir de gagner davantage ; mais quand la pluie ne tomba pas pendant un ou deux ans, il se découragea et revint à son ancien métier. Mais le laboureur, qui n'avait jamais connu autre chose que le métier de laboureur, même quand la pluie ne tomba pas pendant douze ans, continua à labourer ses terres patiemment, la charrue en main.

De même il existe deux classes de dévots : Le premier possède l'amour Divin inné et ne sait rien d'autre, tandis que le second ne fait qu'essayer de l'atteindre. Le premier ne renonce pas à sa dévotion pour le Seigneur, même s'il rencontre des centaines de difficultés, et si par la lutte d'une vie entière il n'arrive pas encore à Le réaliser ; tandis que le second adore le Seigneur dans un but égoïste ; et quand ses désirs ne sont pas accomplis, il s'écarte de la voie de la dévotion.

*
* *

Un esprit ferme est absolument nécessaire ; sans cela, il n'y a pas de progrès possible. Efforce-toi toujours de dépendre aussi peu que possible des choses extérieures de la vie, ainsi tu gagneras de plus en plus la force intérieure. Sois indifférent aux louanges comme aux reproches ; sois indifférent à ce que les autres disent ou font. Va en avant, marche vaillamment sans être troublé ni par la louange ni par le blâmé. Souviens-toi toujours de ce que le Seigneur dit dans la « Gîtâ » : « Uddhared Atmanâtmânam nâtmânam abasâdaet ». (Si tu veux être libre, ne te permets aucune défaillance.)

Dans aucune circonstance tu ne dois céder à la moindre défaillance, à la moindre faiblesse. Sois vigilant, sois ferme, sois un vrai héros. Lève-toi et dis hardiment : « Je suis fort, je suis pur, je suis saint ». Toutes les faiblesses s'évanouiront, toutes les imperfections disparaîtront, et tu deviendras bienheureux, paisible, béni.

N'attends rien du dehors ; tourne toute ta pensée en dedans de toi-même, tu y trouveras le Seigneur.

Place ton idéal sur l'autel de ton cœur et adore-Le nuit et jour. C'est la plus belle chose qu'on puisse faire en cette vie.

*   *
*

Il n'y a pas de bonheur réel dans les choses terrestres. Comment pourrait-il s'y trouver puisque rien n'est permanent en ce monde. Le plaisir est passager, la douleur également ; ils vont et viennent et ne peuvent pas durer longtemps. Supporte-les donc, sachant que ce n'est que pour quelques jours seulement. Il est un vrai héros, celui qui reste impassible dans le plaisir et dans la douleur. Aie patience ; à la longue, la patience surmontera tout obstacle. Nous devons nous tenir fermes comme de vaillants soldats, forts dans notre foi. Le corps ne dure que peu ; mais l'âme reste, le caractère reste. C'est pour cela qu'il faut tout faire pour former le caractère.

Tu es pur, tu es libre, la faiblesse ne te sied point. Aie foi en toi-même. Que ta foi soit si grande que tu puisses te rendre maître de l'atome le plus minuscule de ton être. Celui qui doute ne peut atteindre le but. « Celui-là qui n'a pas foi en lui-même est un athée », dit Swâmi Vivekânanda. Sache qu'il est impossible d'avoir foi au Seigneur sans avoir d'abord foi en soi-même.

IV

L'Intrépidité.

Rien ne peut t'éloigner de la voie si tu te tiens ferme, sans crainte, avec détermination et avec pureté d'intention. Pourquoi renoncer à notre vie idéale parce que le monde s'y oppose et nous blâme ? Non ! nous ne devons pas agir ainsi. Même si le monde entier est contre nous, nous devons rester impassibles et fidèles à notre propre Idéal. Pour ceci il nous faut la force et la ténacité. Il est facile d'être un héros quand tout marche bien dans la vie. Mais le vrai héros est celui qui peut rester ferme dans ses propres convictions, même quand le monde entier agit contre lui. C'est là une des épreuves de la vie.

Il nous faut beaucoup de choses pour former un caractère parfait. Nous devons traverser le bien et le mal, le bonheur et le malheur, les plaisirs et la douleur. Quand nous ne sommes troublés ni par le bonheur, ni par le malheur, nous avons atteint la perfection. Alors nous ne craignons plus rien du monde extérieur.

Qu'y a-t-il en ce monde ? Nous savons que le vrai bonheur ne s'y trouve pas. Comment peut-il s'y trouver puisque le monde est si éphémère ? Qu'importe ; si même nous ne pouvons réaliser Dieu en cette vie, nous ne devons cependant jamais penser à retourner dans ce misérable monde auquel nous avons renoncé comme on renonce au poison. Souviens-toi toujours de ceci et tu acquerras une grande force. Celui qui, après avoir renoncé au monde et après l'avoir rejeté hors de lui-même, veut encore goûter à cette matière malpropre, celui-là n'est qu'un sot, un insensé, un être méprisable, un éhonté. Il y a un bonheur réel à vivre d'une vie pure et intègre. D'aucune autre manière on ne peut l'obtenir.

Prends courage et aie une patience infinie. La patience vaincra tout. Aie une ténacité prodigieuse et dis hardiment : « Je dois mener une vie intègre ! » Montre ta force et dis sans crainte au monde : « Va-t'en, ô monde orgueilleux ! Je ne te veux pas. Je n'ai pas besoin de ton aide. » Révèle toute ta force et répète encore et encore : « Je suis fort ! Je suis pur ! Je suis intègre ! » Tu verras avec quelle rapidité les nuages de l'ignorance se dissiperont et ton cœur

pur sera possédé par la Lumière et l'A-
mour divins.

Craindre ? Qui faut-il craindre ? Qu'y
a-t-il à craindre pour nous ? Devons-
nous tourner le dos à l'ennemi ? Non,
jamais ! Mourons comme des héros sur
le champ de bataille plutôt que de mener une vie d'esclavage. Il peut lutter
hardiment, celui qui a l'épée de la sagesse et le bouclier de la pureté.

*
*   *

La vie spirituelle, la vie du renoncement est très difficile pour ceux qui ont
le penchant de satisfaire leurs désirs
égoïstes ; autrement elle nous procure la
paix et le vrai bonheur. Il y a une joie
réelle dans le renoncement. Renonce,
renonce et sois libre. Aussi longtemps
que nous dépendons de quelqu'un ou de
quelque chose nous ne sommes pas li-

bres. La liberté vient lorsque nous ne comptons plus sur aucun secours extérieur, quand tout vient du fond de nous-mêmes et que nous sommes satisfaits de nous-mêmes. Pourquoi t'abandonner à la jouissance des sens ? Elle ne te donnera que misères et ténèbres.

Un instant seulement de jouissance des sens causera peut-être le malheur de toute une vie. A quoi sert ce bonheur momentané s'il n'aboutit qu'à créer de la souffrance ? Il vaut mieux ne jamais courir après de pareils plaisirs, même si nous n'obtenons pas la plus petite lueur de spiritualité durant la lutte de toute notre vie.

L'empire sur nous-mêmes, du moins, nous rendra plus indépendants. Qu'importe si nous réalisons Dieu dans cette vie ou non, il n'y a aucune raison pour que nous vivions comme des esclaves ou que nous vivions dans le monde enchaînés de plus en plus par la servitude en poursuivant aveuglément nos désirs égoïstes. Plus nous essayons de les satisfaire, plus ils deviennent forts ; comme la flamme devient plus ardente quand nous versons de l'huile sur le feu. Nous savons que le monde est plein de souffrance ; pourquoi serions-nous de nouveau tentés par tout cela ? Non, rien ne doit nous déterminer à y revenir. Voilà la ténacité que nous devons avoir. Le renoncement signifie s'abandonner soi-même entièrement sans jamais se reprendre.

La force est nécessaire, la fermeté est nécessaire. Devant la force tout se soumet. Même les Dévas (anges) craignent celui qui a un caractère pur et désintéressé. La force du caractère est très grande.

*
* *

Sois vaillant ! Marche en avant et ne
crains personne. Apprends à dire que tu
es sincère, que tu es pur, que tu es fort ;
et tu seras libéré de toute crainte. La
crainte vient de l'égoïsme. Sois donc
sans aucun égoïsme. Prends courage !
Prends courage ! Prends courage ! La
Vérité ne peut jamais être atteinte par
les êtres faibles. Prends l'essence de tout
ce que tu as entendu, de tout ce que tu
as étudié et vu, et tâche de le réaliser
dans ta vie. Même si le monde entier se
met contre toi, ne manque jamais de servir ton Idéal.

Il est préférable de mourir dans la bataille plutôt que de vivre d'une vie de
défaite. Nous devons combattre hardiment toute notre vie contre nos ennemis.
Nous n'avons pas d'ennemis en dehors

de nous-mêmes. Nos passions et nos désirs sont nos vrais ennemis. Surmonte-
les et tu seras libre. Aie à la fois la force
et la patience. A quoi sert une vie qui
ne peut pas lutter pour la Vérité ! Sois
vaillant, sois sans crainte et regarde tout
à travers la pureté. La vie est une lutte
constante ; ici-bas nous ne devons pas
compter sur le repos. Marche en avant.
Ne cède à aucune défaillance ou aucune
faiblesse. La souffrance est salutaire ; la
souffrance est un grand maître.

*   *

Souviens-toi toujours de ce que dit le
Seigneur dans la Gîtâ : « Ce qui est comme du poison au commencement et comme du nectar à la fin, ce bonheur a pour
qualité la bonté, étant né du plus pur
savoir de l'âme. Mais le plaisir qui nous
vient du contact des sens et des choses

extérieures et qui au commencement est agréable pour devenir comme du poison à la fin, ce plaisir vient de la passion ». Nous devons employer le pouvoir du discernement et distinguer le bien du mal. C'est très facile d'être entraîné par ses désirs ; mais le vrai héros est celui qui peut les vaincre avec le pouvoir du discernement.

La faiblesse est la mort. Mon expérience personnelle m'a enseigné que la force seule est la religion, la force est la vérité. Tout ce qui nous rend faible est péché. Nous devons éviter cela de toutes nos forces. En commettant des erreurs nous apprenons. Mais une fois que nous avons appris, nous devons travailler avec détermination et ne jamais nous permettre aucune faiblesse. C'est la plus grande de toutes les œuvres. C'est le meilleur de tous les Yogas. Comment pouvons-nous acquérir le repos avant d'avoir vaincu tous nos désirs mesquins et d'être devenus maîtres de nous-mêmes? Devons-nous obéir aux sens? Non; nous ne le devons pas. Si les ignorants obéissent à leurs sens, laissons-les faire, afin qu'ils acquièrent l'expérience du monde. Mais nous ne devons jamais obéir à nos sens. Nous devons les soumettre à notre volonté. Quand nous deviendrons maîtres de nous-mêmes, il n'y aura plus de servitude pour nous, plus de crainte, mais la paix et la béatitude. Maintenant plus de paroles, plus de lectures, plus de théories; le moment est venu « d'être et de devenir ». En avant! En avant ! Laisse le monde s'occuper de ses propres intérêts, mais toi marche en avant avec fermeté, sans même le regarder.

*   *
*   *

Nous n'avons pas le droit de nous inquiéter de quoi que ce soit. Les choses se règleront d'elles-mêmes. « Nous n'avons que le droit de travailler et non celui de récolter. » Travailler veut dire former son propre caractère. Essayons d'agir ainsi et de ne pas dépenser nos énergies en bavardages Les grands maîtres n'enseignaient pas seulement par leurs paroles mais aussi par la force de leur caractère. Si nous pouvons former de tels caractères, c'est alors seulement que nous aurons le droit de faire du bien aux autres. Sache qu'un mendiant ne peut aider un autre mendiant. Aie d'abord quelque chose à donner et ainsi tu pourras aider les autres.

Sois sans crainte, sans inquiétude et

travaille avec fermeté. Le Seigneur prend soin de Ses enfants. « A nous d'agir et de mourir ». Fais ce qui est bien, fais ce qui est fortifiant, fais ce qui est purifiant, fais tout ce qui pourra t'élever, et meurs tranquillement. Il est inutile de faire de grands discours. Peut-être le monde ne te reconnaîtra-t-il pas; peut-être le monde ne te donnera-t-il aucun crédit. Qu'importe ? Ton caractère te rendra heureux et te remplira de béatitude.

*   *   *

Le Maître seul connaît Ses intentions. Si nous avons confiance en Lui, Il nous donnera la force de nous tenir fermes contre toute épreuve. Le bien, le mal, le bonheur, l'infortune, l'éloge et le blâme n'exerceront aucune influence sur nous.

Il doit nous être indifférent qu'Il nous envoie soit au ciel soit en enfer. Celui qui est libre, celui qui est maître de lui-même restera le même en enfer. Nous ne devons donc pas nous abandonner à l'inquiétude même si l'épreuve survient, mais nous devons prier, prier avec une grande ferveur. Ceci est notre droit. Nous ne pouvons que mener une vie désintéressée, une vie pure et prendre le Nom du Seigneur. Nous n'avons pas droit aux résultats.

Le monde est une chose et Dieu en est une autre. Nous ne devons pas juger la voie du Seigneur d'après le point de vue du monde. Nous savons très bien que ce monde n'a jamais rendu justice aux grands hommes, aux sauveurs. Quelques-uns seulement les ont appréciés, ils étaient de ceux qui avaient renoncé au monde et ce monde les avait maudits. Le monde et Dieu ne peuvent pas aller

la main dans la main. C'est impossible.
Si nous voulons adorer le Seigneur
nous devons fuir le bien-être en ce monde, les éloges, la renommée et la gloire.
Sache que ces choses sont du poison
pour une âme qui s'efforce d'acquérir la
réalisation spirituelle. « Enfant, si tu
veux être libéré de la servitude, renonce
à toutes les pensées de ce monde. Comme on frémit à la vue d'une coupe de
poison et l'on se réjouit de boire du nectar, ainsi considère que tout ce qui appartient aux sens est du poison et que tu
dois le fuir ; mais sache que le chemin
qui mène à la Divinité est le pardon, la
simplicité, le contentement, la bonté et
la véracité ; prends-les comme du nectar. »

La vie du Sannyasin (renoncement)
est une vie très rigoureuse. La vue
même d'un homme mondain est nuisible
pour celui qui pratique le renoncement.

Nous pourrions croire que nous sommes assez forts pour vaincre les vibrations du monde ; mais après quelque temps, peu à peu, le monde entre dans notre organisme même sans que nous le sachions et gâte toute notre vie. Nos sens sont comme des voleurs, essayant toujours de surprendre nos moments de faiblesse. Ainsi sois toujours en éveil dans le domaine spirituel, et tu n'auras plus à craindre les voleurs. Ils ne peuvent pas voler quand tu es éveillé.

Aussi longtemps que le souffle de la vie reste dans notre corps, notre vie tout entière doit être une lutte pour servir notre Idéal avec un amour pur et désintéressé. Q'importe ce que disent les autres ! Une force infinie nous soutient. Nous sommes les enfants de la Mère Divine et là repose notre force. Nous devons vivre courageusement, travailler courageusement et mourir courageusement. La crainte est faiblesse, la crainte est péché. Nous ne devons rien avoir à faire avec cela.

Rejette tout ce qui est impur de ton organisme et dis : « Je suis pur, je suis libre ! Pas de péché, pas de mort et pas de crainte pour moi. Shivoham ! Shivoham ! Je suis un enfant de Dieu, je suis immortel. Il n'y a pas de différence entre un père immortel et un enfant immortel. Les deux ne font qu'un ». La force, la force, la force est nécessaire. Aucun être faible ne peut atteindre la liberté. Ainsi sois fort et rejette toute faiblesse. Dis jour et nuit, pense jour et nuit : « Je suis pur, je suis libre, je suis rempli de béatitude ».

Puisse celui qui est le Seigneur Eternel de l'univers, puisse celui qui apparaît sous différentes formes pour le bien de l'humanité, nous donner la force, la fermeté, la pureté et l'intrépidité, afin que nous puissions vivre en Lui et en Lui seul !

Peut-être ne comprenons-nous pas toujours ce que le Maître désire de nous. Mais nous savons que nous sommes Ses enfants et nous pouvons être sûrs qu'Il nous guidera et qu'Il nous protègera. C'est tout ce qui nous est nécessaire. Qu'importe si le monde entier se met contre nous ; nous devons être des soldats, de courageux et de fidèles soldats. La voie de Karma est tortueuse ; mais une grande œuvre n'a jamais été accomplie sans le sacrifice suprême.

Eveille-toi, lève-toi ! détourne-toi du monde extérieur ; entre profondément, toujours plus profondément en toi-même. Tu y trouveras la paix réelle et le repos. Sache que la paix ne peut être trouvée qu'en dedans de soi-même et nulle part ailleurs. Nous ne trouverons la paix dans aucun endroit si nous ne sommes pas paisibles au-dedans de nous-mêmes. Tâche donc de trouver la paix au-dedans de toi-même ; ainsi tu seras libre et ton calme ne sera jamais troublé par des agitations extérieures. Ne crains rien. Aie foi en toi-même. En avant ! Meurs comme un héros en combattant pour la vérité. C'est ainsi que la paix viendra dans ton âme.

V

La Soumission.

Le vrai dévot est toujours conscient de la puissance qui opère par lui-même. Autrement il n'est rien ; il ne veut rien être en dehors de cette puissance Divine. Il sait que la Mère accomplit son œuvre et qu'il n'a le droit d'exiger ni éloges ni blâme. Aussi longtemps que nous ne L'oublions pas, tout va bien. La vanité nous La fait oublier, elle est notre pire ennemie. Nous devons donc lutter et tuer cet ennemi. Prions afin d'être capables de rendre un petit service à Ses enfants et de rester toujours de fidèles instruments entre Ses mains. Sans quoi cette vie n'a aucune valeur. Nous n'avons que le droit de mener une vie pure et sincère et de servir Ses enfants de toute notre force.

Parfois la tâche nous paraît très dure et sans issue. Mais rien ne peut durer en ce monde ; les nuages se dissipent et la vie redevient pleine d'espoir. Donc nous devons être fermes comme un roc en toute circonstance de la vie. Laisse aller les choses ; mais toi, tu dois être immuable. Sois intrépide et regarde la vérité en face. Si tu as un Idéal, donne ta vie pour Le réaliser. Nous devons sacrifier notre vie pour notre Idéal. C'est la seule manière d'adorer l'Idéal. Ni la faiblesse, ni l'hypocrisie, mais seuls l'amour sincère et la force nous permettront de L'adorer sincèrement.

Marche en avant sans regarder en arrière, sans t'inquiéter de ce qui arrive aux autres. Des milliers d'hommes semblables à moi peuvent mourir en ce moment ; mais ce vaste monde ne s'en ressentira même pas. La vérité est immortelle, et elle resplendira toujours. Adore la vérité et meurs pour elle. Souviens-toi toujours que cette vie présente est le résultat des pensées et des actes du passé ; donc l'avenir sera le résultat du présent, c'est-à dire que notre avenir dépend entièrement de nous. Le passé sera effacé par la vie présente.

*   *

*

Nous n'avons aucun droit de nous approprier pour notre propre satisfaction ou pour notre propre bonheur ce qui a été offert à l'Idéal aux pieds du Maître. Celui qui a consacré toute sa vie, corps

et âme, au service du Maître ne doit pas
avoir de volonté personnelle ; il doit sacrifier sa propre volonté au commandement du Maître. Voilà le vrai sacrifice
de soi-même. Autrement, si nous pouvons satisfaire nos propres désirs en ser-
vant le Maître, nous le servons ; mais
du moment que ce service vient à l'en-
contre de notre égoïsme, nous ne le servons plus. Ceci n'est pas la soumission,
au contraire, c'est de l'égoïsme lâche.
Afin de pouvoir vaincre cette faiblesse
indigne il faut savoir employer la puissance du discernement et être hardi et
déterminé.

La voie du renoncement est très dure.
L'entière soumission aux pieds du Maître est une chose très difficile à accomplir ; mais sans elle, le développement
spirituel est impossible. Le disciple de-
vrait être toujours prêt à se mettre devant la bouche du canon ou dans les

griffes du tigre au commandement du Maître, sans lui demander pourquoi. Ceci est la vraie dévotion. Aussi est-il nécessaire de ne plus avoir d'attachement pour les choses terrestres. L'esprit doit être affranchi de toute luxure et de toute convoitise. « Celui qui, déjà ici-bas, avant de se séparer de son corps, peut résister à la force de la luxure et de l'emportement, est en vérité un homme vigilant, un homme heureux ». Tâche de réaliser ceci et tu seras aussitôt libre. Brise toute vanité et dis : « Je suis moins qu'un brin d'herbe ». Alors tu verras disparaître toutes tes impuretés et tu deviendras divin, et tu auras le droit de prendre le nom béni du Seigneur. La vanité se met entre nous et le Seigneur, notre vrai « Moi ». Il faut donc la détruire et dire : « Pas moi, mais Toi ». Révèle ta vraie force et détruis toute faiblesse. Sache qu' « Atman » (le vrai moi) ne peut jamais être réalisé par un être faible.

*   *   *

Il faut donc vaincre toute faiblesse. Les hommes profitent de nos moments de faiblesse. Nous devons savoir conserver notre dignité, surtout quand nous nous trouvons au milieu d'êtres matériels. Nous devons nous défendre afin de nous protéger contre les méchants ; mais nous ne devons jamais faire du mal à qui que ce soit. Quand nous faisons du mal, nous nous abaissons au niveau des malfaiteurs que nous combattons et, en réalité, nous nous faisons du tort à nous-mêmes. Afin de pouvoir rester fidèles à nos principes, nous devons parfois témoigner d'un esprit de résistance, mais nous ne devons jamais être animés du désir de nuire à personne.

Reste ferme comme un roc dans ta foi et dans ta dévotion et laisse la Mère Divine te tenir par la main. Quand c'est nous qui La tenons par la main, il y a toujours du danger de La lâcher ; mais quand c'est Elle qui nous tient par la main, toute crainte de tomber disparaît. Ainsi, nous devons nous affranchir de tout danger, en nous confiant toujours en Sa volonté Divine. Ne permets qu'à Elle seule d'occuper ton cœur pur. Ne sois abattu ni par des pensées folles, ni par la crainte, ni par l'inquiétude. Sache que rien ne Lui est impossible ; aie une foi intense et sois libre.

Laisse Sa volonté s'accomplir en toutes choses, alors tout réussira. Nous ne devons point demander le « comment » et le « pourquoi », mais nous devons La suivre avec patience et tranquillité. Si la souffrance survient, accepte-la comme une bénédiction de la Mère, car Elle sait quelle est la meilleure façon de former notre caractère. Souviens-toi surtout que l'attachement aux biens de ce monde et la sainteté sont deux choses entièrement différentes. Si l'une va vers le nord, l'autre va vers le sud. Ne t'attends donc pas à ce que le monde te rende justice. Soyons intrépides, fermes et courageux dans chacune de nos actions. Quand les peines et les souffrances surviennent, dis : « Très bien, venez ! » Tiens-toi debout comme un héros et elles s'enfuiront aussitôt loin de toi ; c'est le seul moyen de les vaincre. Sois intrépide ! Sois intrépide et sans crainte ; un seul mot de vaillance nous donne de la force ; tâche donc de maintenir ton esprit toujours vaillant et joyeux. Etre toujours joyeux, heureux et fort par amour pour ton Idéal, est une œuvre désintéressée et belle. En travaillant ainsi avec désintéressement, tu acquerras chaque jour de plus en plus la pureté et la force ; mais ceci ne peut s'accomplir qu'en pensant constamment à l'Idéal et en priant avec ferveur. La Mère ne manquera pas d'exaucer les prières qui partent d'un cœur désintéressé. Elle te protègera toujours, Elle te donnera la force, Elle te guidera. Te rendra-t-Elle malheureux si tu t'efforces de La suivre toujours de tout ton cœur et de toute ton âme ? Certainement non ! Elle est un océan de miséricorde et ne peut rendre Ses enfants malheureux. Point de crainte ; si les souffrances surviennent, Son cœur sera toujours prêt à les partager avec toi.

*
* *

Pourquoi, demandes-tu, nos prières restent-elles si souvent sans réponse ? Nous ne pouvons pas le savoir ; nous ne sommes que des enfants. Nous ne devons pas vouloir trop savoir. Elle le sait, la Divine Mère le sait. Ce monde est le Sien, Elle aura soin de Ses enfants. Nous devrions toujours retenir cette pensée : « Je ne suis qu'un enfant, un simple enfant, je suis le serviteur de tous Ses enfants ». Il y a du bonheur à servir Ses enfants sans égoïsme ; tâchons donc toujours de les servir. Mais là aussi nous rencontrons des difficultés, par la simple raison que nous ne comprenons pas ce que signifie le vrai service. Par notre ignorance, nous faisons du tort à ceux que nous désirons servir ; ainsi nous commettons des fautes et nous sommes la cause du malheur d'autrui. La vie est très dure sans le pouvoir de la compréhension.

Néanmoins, essayons de dépendre d'Elle entièrement. Bien que les nuages obscurcissent tout autour de nous, nous devons rester patients et fermes. Marchons en avant sans fléchir, sans rien craindre. Qu'importent les résultats. Sache que le bien produira toujours le bien; il ne peut en être autrement. Peut-être que cela ne paraîtra pas extérieurement; mais c'est la seule vraie et désirable voie à suivre.

* * *

Sa volonté. Nous sommes tous guidés par Elle, par Sa volonté Divine. Dépendons entièrement d'Elle et disons sincèrement : « Que Ta volonté soit faite ». Nous le savons, cependant un léger sentiment de crainte pénètre parfois notre esprit. Mais nous devons le secouer. Nous devons vivre vaillamment ici-bas ; si notre caractère est affermi par la pureté, nous pouvons faire face à toutes les difficultés, à tous les dangers. Qui craindre ? Nous sommes les enfants de la Mère Divine ; notre Mère règne sur l'Univers, le monde entier nous appartient. Aie cette sorte de foi vivifiante.

Révèle la vie, la force, la pureté, l'amour désintéressé que tu possèdes en toi-même ; ils sont ton apanage. Lève-toi, lève-toi courageusement ; il n'y a pas de mort pour toi. Rejette loin de toi toutes les impuretés, les vieilles superstitions. Elles ne t'appartiennent pas, elles ne t'ont jamais appartenu. Sache que tu es libre, libre de toute servitude. Les sentiments mesquins de jalousie, de haine, de colère, d'envie, de renommée, de gloire, sont tous des superstitions. Que dois-tu en faire ? Noie-les tous sans pitié dans l'océan de la sagesse. Fais-le rapidement et réalise que tu es libre. Libre ! Partout où tu vas, tu es libre. Plus d'esclavage, plus de crainte ! Laisse jaser les sots ;

plains-les, car ils n'en savent pas davantage. En avant, en avant! ne regarde jamais en arrière pour voir ce qui se passe derrière toi. Laisse-les jaser, laisse-les faire tout ce qu'ils veulent; ne dis rien, mais continue ton chemin silencieusement, sans chanceler.

*   *   *

« Mère, tout est ta volonté; Tu es la personnification de toute volonté. »

« Tu accompliras ton œuvre, ô Mère! »

« Les hommes disent: « J'agis, j'agis! »

« Tu peux capturer un éléphant dans un trou boueux, »

« Tu peux faire franchir une montagne à un boiteux, »

« Tu peux élever un homme jusqu'à être le chef des Dêvas, »

« Aussi peux-tu le jeter dans le plus profond abaissement. »

« Tu es la force qui agit, nous sommes les instruments, »

« Ainsi que Tu nous guides, nous agissons, »

« Ainsi que Tu nous fais parler, nous parlons. »

« O Mère! tout est fait selon Ta volonté. Pas moi, pas moi.»

Ceci est la vraie sagesse. On devient libre après avoir réalisé cela. La vanité est ruineuse, elle est le pire ennemi de la race humaine. Tue-la, tue-la à jamais et le soleil de la sagesse resplendira. Réfléchis : « Qui suis-je? Pourquoi se quereller ? Pourquoi se disputer avec qui que ce soit ? Je suis un enfant de Dieu ; je suis libre des éloges, du blâme, du chagrin, des misères, du plaisir et de la douleur». Ceci est la liberté. Seuls les sots veulent être considérés comme étant grands et recherchent les louanges des autres. S'ils ne les obtiennent pas, ils sont malheureux et déçus. Folie ! Es-tu sensible à une telle folie ? C'est un jeu stupide qui ne dure que cinq minutes. Quelle est la réalité en ce monde ? Nous devons savoir employer le pouvoir du discernement. Inutile de vivre comme des esclaves.

Pourquoi nous laisserions-nous guider par nos sens et par nos désirs ? Au contraire, nous devons les combattre, et les vaincre. Nous avons énormément de travail devant nous ; le travail est dur, mais il doit être accompli. Il doit être accompli avant que nous puissions être libres. Si nous le négligeons ou que la crainte nous empêche de l'accomplir, il nous faudra d'autant plus de vies et cela causera plus de souffrances. Par les bénédictions du Seigneur le chemin reste ouvert. Marche avec fermeté, joyeusement et sans crainte. C'est une tâche très dure de porter un fardeau, encore plus dure pour celui qui le soulève. Comment peut-on s'acquitter de sa dette ? Uniquement en menant une vie pure et sincère selon Ses enseignements. C'est le seul moyen, c'est le seul moyen. Le secours et le service matériels ne sont rien.

Rejette donc toute paresse et marche en avant. Sache que tu n'es pas le corps, que tu n'es pas la matière, mais que tu es l'Esprit, que tu es l'âme pure, divine, sainte et sans tache. Maintiens ce grand idéal toujours présent à ton esprit et rien n'osera jamais troubler ta paix.

*   *
*

La Mère te protègera toujours. Sans sa grâce, personne ne peut accomplir une bonne œuvre. Ne l'oublions jamais, alors nous serons toujours en sécurité. L'homme est en danger lorsqu'il oublie sa Mère et court après les plaisirs du monde, les croyant importants et réels. C'est par Sa grâce que nous recevons la lumière, et le détachement des plaisirs de ce monde. Chantons Sa gloire Divine aussi longtemps que nous vivons, que nous soyons dans le bonheur ou dans l'infortune. Soyons absorbés dans Ses pensées, environs-nous de Son amour Divin. Aussitôt le monde disparaîtra de ton esprit tout naturellement. Quelle valeur ont les éloges et les reproches des hommes ? avec l'amour, la haine, la jalousie et toutes les mesquineries du monde ? Oublions tout et adorons-La, Elle seule, avec toute la dévotion et l'amour de notre cœur.

La Mère répandra autour de nous les bénédictions et la paix. Nous sommes Ses enfants aimants ; Elle ne manquera jamais de nous prodiguer Ses soins maternels. Les vagues vont et viennent, es vagues du plaisir comme celles de la douleur ; elles sont salutaires à notre développement spirituel. Reste ferme. Laisse les choses aller et venir; mais toi, tiens-toi ferme comme un roc, aie toujours foi en toi-même et en ton Idéal. C'est par la foi et par la soumission que nous pouvons réaliser la vérité ; mais jamais par les arguments inutiles ni par le pouvoir de l'intellect.

* * *

Les amis et les ennemis humains ne sont rien. La Mère est tout, la Mère est tout dans tout. Chaque instant doit être consacré à L'adorer ; en dehors d'Elle tout est faux ; le bien comme le mal, tout est illusion, « Mâyâ », ignorance. La Vérité est Une et c'est Elle la base de tout l'univers. Sans Sa volonté rien ne peut s'accomplir. Elle est notre Mère, la Mère de tous. Quand notre Mère est près de nous, aucun mal ne peut nous toucher. Aie la foi, la force et le courage. Sache que la Mère peut rendre toute chose possible. Auçun mal ne peut atteindre celui qui cherche un refuge à Ses pieds Divins. Il devient un enfant sans crainte.

Prie la Mère, réfugie-toi à Ses pieds sincèrement, et la crainte, les inquiétudes, toute faiblesse cesseront d'exister. Dis : « Jai Mâ Anandamai ! Mère Bienheureuse, victoire à Toi ! » Répète ceci avec force et tout mal disparaîtra. Elle seule détruit le mal ; Elle est toujours la Protectrice de Ses petits enfants innocents, qui ne connaissent que leur Mère. En dehors d'Elle, de quoi parlerions-nous en ce monde ? Tout est inutile et irréel, excepté la gloire de la Mère Divine ; Elle est la source de notre existence, la source de la paix et de la béatitude éternelles.

*
* *

Reposons toujours en paix sur Son sein. La Mère sait mieux que personne prendre soin de son enfant. Tant qu'il repose entre Ses bras, il n'a rien à craindre. Elle est tout en tout, Elle est unique souveraine. Qui pouvons-nous adorer si ce n'est Elle ? Soyons indifférents à tout le reste ; que toute autre pensée s'éloigne de notre esprit. Où le mal existera-t-il alors ? Où sera la crainte, le souci ou l'inquiétude capables de nous troubler lorsque notre cœur entier est occupé par Elle ?

Souviens-toi du beau chant qui dit que celui qui connaît la Suprême, la Bienheureuse Mère est béni ici-bas. Les cérémonies et les rites lui sont indifférents ; il ne fait point de pélerinage afin de se purifier ; il n'entend même pas un mot excepté le nom de la Bienheureuse Mère ; il n'a foi qu'en la volonté de la Mère divine. Ainsi celui qui a trouvé tout aux pieds de la Mère, oublie le monde facilement et sans effort ; lui seul atteindra l'autre rive du « Samsâra », l'attachement aux biens de ce monde. Il ne peut y avoir de crainte pour lui. Il n'écoute ni les éloges ni le blâme du monde ; il s'enivre sans fin en buvant le nectar au nom de la Mère.

*
* *

La Mère est le but final. Elle est le seul lieu de repos et de paix. Prie-La, prie-La et ne pense qu'à Elle seule. Elle est ta vraie protection, Elle est la source de tout bonheur, de toute béatitude. Plongeons profondément dans l'océan de son amour Divin et enivrons-nous de cet amour. Ce monde disparaîtra aussitôt de notre esprit. Tout ce qui est indigne d'elle sera oublié au même instant. « Jai Mâ Anandamai ! » Mère Bienheureuse, victoire à Toi ! » Toute crainte disparaîtra ; en Sa présence tout sera plein de béatitude.

Prie-La comme un petit enfant et Elle te protègera ; nous sommes tous Ses enfants. Pourquoi craindre ? La Mère prendra soin de nous. Notre devoir est de ne jamais L'oublier au milieu du tumulte de ce misérable monde. Que puis-je te dire excepté que nous devons toujours, et dans toutes les circonstances, adorer la Mère divine ; e'est tout ce qu'on doit faire en cette vie. Il n'existe pas de devoir plus élevé ni plus grand.

Prie-La : « O Mère ! A tes pieds, donne-moi l'amour sincère ! Je ne désire rien d'autre. Eloigne toute autre chose de moi, à Tes pieds donne-moi seulement l'amour pur. » Prie jour et nuit et pleure pour obtenir la pure dévotion et le pur amour.

Ceci est la vraie adoration. Sois absorbé dans cette grande adoration. Alors le monde s'évanouira pour toi et tu vivras toujours dans la paix et la béatitude.

Souviens-toi que tout se fait par Sa volonté, Elle peut tout ce qu'Elle veut. Elle peut rendre l'impossible possible. Qui connaît Sa gloire ? Qui sait chanter Sa gloire ? A nous de renoncer à toute vanité et de dire : « Nâham ! Nâham ! Tuhu, Tuhu ! » Pas moi, Mère, pas moi, Tu es Tout » Donne-moi seulement l'amour vrai à Tes pieds afin que je ne T'oublie jamais. O Mère ! ton nom est si doux ; donne-moi l'amour intense et la foi en Ton nom. Mère, ô Mère ! prends-moi dans tes bras ! Je ne veux pas rester ici-bas, ce n'est pas ma demeure. C'est

Toi qui es ma demeure, mon refuge; ô laisse-moi venir à Toi! Ton œuvre doit être accomplie — laisse-moi l'accomplir sincèrement et fidèlement, avec désintéressement, avec pureté. Que ta volonté soit faite. Donne-nous la force, donne-nous la lumière. Puissions-nous dire en toute vérité : que Ta volonté soit faite.

« Mère, donne-nous Ta paix et Tes bénédictions. »

Salutations Sanscrites.

Twameva mâtâ cha pitâ twameva, twameva bandhus cha sakhâ twameva,
twameva vidyâ, dravinam twameva,
twameva sarvam mamadevadeva.

(Tu es ma Mère, tu es mon Père, tu es
mon Ami, tu es mon Compagnon, tu
es mon Savoir, tu es ma Richesse, tu
es mon Tout, tu es mon unique Seigneur.)

Mukum karoti bâchâlam, pangum lan-
ghayaté girim, yatkripâ tam aham
bande, Paramânanda mâdhabam.

(Par ta grâce le muet devient éloquent,
le boîteux franchit la montagne, je
m'incline devant ce Seigneur suprê-
mement bienheureux.)

*
*　　*

Ajnâna timirândhasya jnânânnjana salâ-
kayâ tchakshurunmilitam yena tasmai
srî gurabé namah.

(Celui qui donne la lumière à une créature aveuglée par l'obscurité de l'ignorance, et lui ouvre les yeux de l'âme,
nous nous inclinons devant ce Guru,
le maître spirituel.)

*
*　　*

Nityam, sudham, nirâbhâsam, nirâkâram, niranjanam, nityabodham, chidânandam, Gurum Brahmâ namâmyaham.

(Eternel, Pur, sans Limite, sans Forme, sans Tache, Omniscient, Bienheureux, nous nous inclinons devant le Dieu Suprême sous la forme du Gourou.)

*
* *

Nytyo nityânâm chetanaschetanânâm Ekobahûnâm yo bidadhâti kâmân.

(Il est l'Eternel parmi les éternels, la Conscience parmi les êtres conscients Lui qui, bien qu'Unique, comble les désirs d'un grand nombre de créateurs.)

*
* *

S'aranâgata dînârta paritrâna parâyane sarvasyârtihare devi nârâyani namostute.

(Mère, protège ceux qui, accablés par les misères d'ici-bas, cherchent un refuge à Tes pieds; Tu es le destructeur de tout mal, je m'incline devant Toi.)

*   *
*

Sahanâv abatu sahânau bhunaktu saha bâryam Karabîbahai tejasvinâm abâdhitam astu mâ bidvishâbahai, Aum ! Sântih, Sântih, Sântih !

(Qu'Il nous protège contre tous les maux, que le Maître ainsi que le disciple puissent jouir ensemble des bénédictions du Seigneur. Que tout ce que nous étudions soit bien étudié et fortifiant. Puissions-nous ne jamais nous haïr les uns les autres ! Om ! Paix, Paix, Paix !)

** * **

Asato mâ sad gamaya tamaso mâ jyotir gamaya mrityor mâ amritam gamaya.

(O Lumière de l'univers ! conduis-nous de l'irréel au réel, conduis-nous des ténèbres à la lumière, conduis-nous de la mort à l'immortalité !)

Litanie à la Mère Divine.

La Mère étant la plus sacrée de toutes nos relations humaines, ainsi, aux Indes, la Divine Maternité est considérée comme la plus haute manifestation du Dieu Personnel. Aucun amour n'est aussi tendre et vigilant, aussi endurant et plein de pardon que l'amour d'une mère, aussi quand Dieu devient notre Mère, nous avons un refuge sûr dans toutes les conditions de la vie. Réalisant ceci, les Indous préfèrent adorer l'Etre Suprême sous la forme de Mère et c'est à Ses pieds qu'ils épanchent leur dévotion

dans les hymnes de louange et de sup-
plication les plus éloquentes et les plus
touchantes. Ils la voient et ils s'inclinent
devant Elle sous toutes les formes. Le
bien ainsi que le mal sont des manifestations de Sa gloire. Elle n'est absente
nulle part. Sa puissance Divine est ré-
pandue dans tout l'univers de même
que l'influence de la mère terrestre règne dans son foyer. Quel que soit l'aspect, bon ou mauvais, sous lequel Elle
nous apparait, Elle doit être toujours
adorée comme Mère aimante. Ce sentiment est exposé d'une manière frap-
pante dans la litanie suivante, prise du
Sanscrit.

La Mère Divine qui demeure en tout
 être vivant comme conscience d'être,
Nous nous inclinons devant cette Mère
 toujours, toujours, toujours.

La Mère Divine qui demeure en tout
être vivant sous la forme de l'intelli-
gence,
Nous nous inclinons devant cette Mère
toujours, toujours, toujours.

La Mère Divine qui demeure en tout
être vivant sous la forme de sommeil,
Nous nous inclinons devant cette Mère
toujours, toujours, toujours.

La Mère Divine qui demeure en tout
être vivant sous la forme de faim,
Nous nous inclinons devant cette Mère
toujours, toujours, toujours.

La Mère Divine qui demeure en tout
être vivant sous la forme d'ombre,
Nous nous inclinons devant cette Mère
toujours, toujours, toujours.

La Mère Divine qui demeure en tout
être vivant sous la forme de puissance,
Nous nous inclinons devant cette Mère
toujours, toujours, toujours.

La Mère Divine qui demeure en tout
être vivant sous la forme de soif,
Nous nous inclinons devant cette Mère
toujours, toujours, toujours.

La Mère Divine qui demeure en tout
être vivant sous la forme de pardon,
Nous nous inclinons devant cette Mère
toujours, toujours, toujours.

La Mère Divine qui demeure en tout
être vivant sous la forme de peur,
Nous nous inclinons devant cette Mère
toujours, toujours, toujours.

La Mère Divine qui demeure en tout
être vivant sous la forme de paix,
Nous nous inclinons devant cette Mère
toujours, toujours, toujours.

La Mère Divine qui demeure en tout
être vivant sous la forme de foi,
Nous nous inclinons devant cette Mère
toujours, toujours, toujours.

La Mère Divine qui demeure en tout
être vivant sous la forme de beauté,
Nous nous inclinons devant cette Mère
toujours, toujours, toujours.

La Mère Divine qui demeure en tout
être vivant sous la forme de toutes
les tendances,
Nous nous inclinons devant cette Mère
toujours, toujours, toujours.

La Mère Divine qui demeure en tout
être vivant sous la forme de mémoire,
Nous nous inclinons devant cette Mère
toujours, toujours, toujours.

La Mère Divine qui demeure en tout
être vivant sous la forme de bonté,
Nous nous inclinons devant cette Mère
toujours, toujours, toujours.

La Mère Divine qui demeure en tout
être vivant sous la forme de contentement,
Nous nous inclinons devant cette Mère
toujours, toujours, toujours.

La Mère Divine qui demeure en tout
être vivant sous la forme de mère,
Nous nous inclinons devant cette Mère
toujours, toujours, toujours.

La Mère Divine qui demeure en tout
être vivant sous la forme d'erreurs,
Nous nous inclinons devant cette Mère
toujours, toujours, toujours.

La Mère Divine qui demeure en tout
être vivant sous la forme du Tout-
Pénétrant,
Nous nous inclinons devant cette Mère
toujours, toujours, toujours.

*
* *

Celui qui s'abrite à Tes pieds, ne ren-
contrera jamais aucun danger,
Mais deviendra l'abri d'autres âmes.

TABLE